I0749513

POSES

POESÍA

POSES

Norge Luis Labrada

Coordinación editorial: George Riverón
Edición: Luis Yuseff
Diseño: Frank Alejandro Cuesta
Ilustración de portada: *Love is Blind*, de George Riverón

Primera edición: Ediciones La Luz, Cuba, 2019.

ISBN 978-1-951409-34-0

www.bluebirdeditions.com
books@bluebirdeditions.com

Impreso en Estados Unidos de América.

La belleza más humana

I

Como un centinela permanece junto a la balaustrada. Apenas se acerca al entramado metálico. Me acerca un libro. No quiere dejarme ir, lo advierto en cada nuevo motivo que introduce en la conversación. Una conversación que nunca termina. Luego, me despide con un abrazo, uno de esos que parecen no querer retener nada ni a nadie, y que solo ofrecen quienes no están acostumbrados a dar o a recibir demostraciones de cariño. Finalmente, bajo las escaleras y cierro con celo las puertas blancas. Dentro queda un muchacho de treinta años, sus manos hermosas comienzan a apagar las luces. Simplifica ruidos. Prepara o no algo para comer. Lava su cuerpo. Tiende una sábana oscura sobre el enlosado donde otros durante el día agotaron la jornada. Repasa las horas. Enciende la pantalla del teléfono: recibe/envía «peligrosas fotos digitales». Su perfil de mártir cristiano va quedándose inmóvil sobre el brazo que hace de almohada. Duerme poco la mayoría de las veces. El maniquí desnudo y sin rostro que lo observa desde todas partes, adquiere una inesperada movilidad y su rostro desdibujado hasta ese momento en la oscuridad comienza a reproducir imprevistamente las facciones de Enrique III de Francia. La noche de Nina Simone está por ofrecer sus mejores frutos. Los paparazis de las avenidas corren veloces tras ella, tras Enrique III de Francia y tras el corazón de este muchacho de treinta años, que ha comenzado a desintegrarse dentro del agujero donde vive y construye sus poemas.

II

«Van a hacer público este dolor», me dice una tarde cualquiera, en un café de la ciudad ruinosa, mientras vemos a los habituales pasarse los cigarrillos mentolados y sobre el hombro de una mujer, quizás demasiado joven, aletear con dolor la sombra de una mariposa recién tatuada. Frida Kahlo sobrevive con dificultad en el antebrazo de una muchacha que, a su vez, es besada por otra mujer, y las tres bailan, tomadas de las manos, sobre el mármol de *Back to Black*, ahora que Amy Winehouse canta.

Norge Luis me acerca el pliego de papel recuperado donde imprimió con dificultad los versos que prefiere dejar a juicio mío.

Un caballo negro trastabilla sobre el pavimento. Un caballo blanco hala de un camastro oxidado.

Las manos sucias de un deambulante piden con insistencia justo dos mesas más atrás.

Se asoma al balcón de enfrente un hombre calvo con expresión libidinosa en el rostro, mira y sus ojos parecen incrustar contra la pared de cristales los torsos hinchados de tres adolescentes.

Alguien pasa y deja sobre nuestra mesa un plegable prometiendo el fin de la existencia de los hombres sin fe.

Alguien se para a mi lado y bate quince monedas inútiles contra la mesa.

Alguien pasea una bandeja de plástico descolorido y encima las cabezas de Ana Bolena y Catalina Howard se mueren de la risa.

«van a hacer público este dolor», me dice, y hablamos de Isabel Tudor y Alejandra Pizarnik; hablamos de Chernóbil y «caballos de vapor»; de un jardín y de una cárcel.

«la naturaleza lleva el dolor por delante / poca luz entra por donde están los vivos», me dice, y miro hacia el sitio donde los flashazos de las cámaras laminan la tarde amarilla de Holguín, y donde nos descubro, sobre la pantalla digital, como dos criaturas fantasmales al fondo del retrato de grupo de la mesa vecina.

«siempre acaricio lo que otros se han de comer», me dice, y hablamos de «la mezquindad del verde», del abrigo o el consejo; de los pájaros y las cenizas.

«camino para ser encontrado», me dice, y salgo del café pensando que Norge Luis, el poeta, no le teme «al paisaje que se quema».

III

«A veces sí», me dice. A veces —el poeta que se sabe—, pasa también a formar parte de ese paisaje, así que no alcanza solo a la contemplación reposada, sino que es una de las criaturas que se asfixian en las quemazones colectivas o, por lo menos, el aire enrarecido que los otros respiran también es su modo de sustento en la isla personal.

Hay siempre una participación inevitable, y muchas veces involuntaria, del sujeto-poeta en los destinos históricos de cada nación. Imposible esquivarlo. Pero no por eso está llamado a ser el Cristo de las revoluciones. Las circunstancias que dinamizan estas causas no saldadas, se asoman algunas veces en el molesto y muchas veces deteriorado sillón de escritura; pero esas mismas circunstancias, quizás por cotidianas, mal argumentadas, o por puro agotamiento de las razones que ya no justifican su existencia, han pasado a ser un duro telón de fondo. Si afuera de los cubiles personales del escritor dos mujeres destrozan sus vestimentas en una sobrevivencia humillante, dentro, en su confinamiento voluntario, el poeta reclina la cabeza contra el pecho de María Estuardo o pone «cara de niño» cuando Isabel I, la reina Virgen, agoniza en «los olores solitarios».

Otras agonías quedan recogidas en la muerte de los monarcas. Agonías individuales y muertes colectivas, también. Porque el poema, ahora en el terreno de la poesía y a los ojos del lector, ha alcanzado, como quería Octavio Paz, «la participación» señalada en *El arco y la lira*: «Como la creación poética, la experiencia del poema se da en la historia, es historia y, al mismo tiempo, niega a la historia (...) Revive una imagen, niega la sucesión, revierte el tiempo. El poema es mediación: por gracia suya, el tiempo original, padre de los tiempos, encarna en un instante. La sucesión se convierte en presente puro, manantial que se alimenta a sí mismo y trasmuta al hombre».*

Bien entendido Octavio Paz, queda dicho que escribir un poema es siempre un acto de reconstrucción de la historia.

* (Octavio Paz: *El arco y la lira*, 4ta. ed., Fondo de Cultura Económica, México, D. F., 2008, p. 25)

IV

Escribir un poema también es un acto terriblemente humano y delator. Queda Norge Luis expuesto en fibras sumamente íntimas y, por personales, afincadas en una sustancia vital, que le amarga por momentos la existencia, como la savia amarga lo que es la vida misma del árbol. A ese árbol le he visto acercarse y dejar su espalda recostada contra el tronco leñoso. Un movimiento leve de su dedo índice ha activado el lente de la cámara del teléfono móvil. Después le he visto maquillar con paciencia la fotografía. Accede por último a los «datos» y escribe con desenfado sobre la pantalla táctil: «recupera el espejo de las tardes / a la hora del dolor del hambre/ no hagas ruido para que el dolor no se propague al pecho / (hay una sombra / una presencia que me protege)». Y la voz oracular del viejo árbol dicta: *la flecha tiene la virtud de no sanar*.

Posar es humano, le digo. Escribir un poema, también.

V

Poses se deslinda vigorosamente de lo que podría entenderse a primera vista como una escena montada para una revista de modas. Los selfis con que el autor suele llamar la atención en las redes sociales, tienen más de puesta en escena que este cuaderno, aunque no olvido que cada una de esas fotografías las hace acompañar de citas textuales ganadas a la lectura ocasional —y esquiva— de los poetas que gusta y consume con un apetito zigzagueante. Sus selfis son la excusa perfecta para sumarse a la escena interactiva donde participan las mismas personas que los poemas asimilan o decantan indistintamente. *Poses* es en cambio el libro resultado de una escritura axial, que ha escarado en cortes sucesivos cada vez más profundos y que delatan su anatomía exclusivamente humana. Lo profusión de signos oblicuos en la estructura gráfica de muchos de los textos que conforman este libro (y que en buena medida también lo sostienen) podrían ser entendidos a primera vista como una dilación innecesaria, un artefacto inoportuno que debe pasarse por alto de inmediato, pero no. Ni es automática la escritura ni tampoco caótica. El poema, los poemas asaetados de este modo sobreviven porque se agarran a un orden interior, entendido en cada palabra, en cada frase o cita que Norge Luis sabe integrar al flujo continuo, laminar, de la existencia: hay demasiados temores y un dolor que le acompaña desde siempre al poeta, al niño que fue, como para desligarse del poema soñado. El resultado puede exasperar, es cierto. La vida que viven los poetas, también.

VI

(Sé que este libro, apartando cualquier gesto delator mío, ha sido fraguado mayormente en zona de silencio, en días sin gloria, donde la compañía dejó fuera toda existencia: amiga o amante, y el amasijo de músculos dolientes (ese viejo corazón que defienden los poetas románticos) ha cantado roncamente durante muchas noches como una estrella de *jazz*. Para suerte del poeta Nina Simone raspa la madrugada de París: *Ne me quitte pas*, aunque «hace siglos escapa la rosa»).

VII

(envío demasiado personal)

Amigo, ahora que no logramos «la tranquilidad imposible de diciembre», y las «traiciones que son conocidas» nos hacen «célebres» y «las hojas filosas brillan en la madera»; ahora, que has querido «inventar un mundo / dos o tres» sé que estás listo para cerrar la casa «con un cuerpo dentro». Seguramente ha llegado el día en que podrás cumplir la promesa de regalar uno, dos y hasta tres ríos a la vez, si quisieras. Ha llegado el momento de lavar tus «manos antes de partir/ mi aliento sabrá ser inmortal». Los dos sabemos que «no hay luces en la vigilia», sino «agujeros para construir un poema» y que La Luz, nuestra casa de soles pequeñitos, siempre tendrá en ti la pose inimitable y también «la belleza más humana».

VIII

(*post scriptum*)

Llego a casa con el libro en la mochila. Tengo agotadas todas las «maneras de llorar». El centinela, justo antes de despedirme, escribió —con tinta amarilla— sobre la página blanca de su libro: *te voy a esperar cada mañana*. El malvivir de una vida sana no me agota aún, pienso. A dormir, prefiero seguir leyendo: «Algo vendrá a aliviarnos en la medianoche / profunda medianoche que acaba con el tiempo del hombre». Cierro el libro, y pienso —ahora que «la casa se oscurece / del mismo modo / que las fiestas del año»— que debería amanecer ya. Quiero irme adonde este muchacho de treinta años y prometerle «girasoles para que regrese el caballo blanco»; juntos «encender un cigarrillo / para solo ver el humo» y advertirle que «algo falta», que «algo hemos dejado de hacer», como esas «criaturas que no hacen ruido con sus existencias». Algo, amigo, aunque ese gesto puramente humano —como la belleza misma— de pretender evitar el dolor, sea tan arduo e innecesario como rehacerle el corazón a un hombre roto en «pedacitos diversos de maravillas».

Luis Yuseff

Palabras de presentación a la primera edición de *Poses* (Ediciones La Luz, 2019).

al que no está
y a los dos que llegaron
con la poesía

Ser natural es la más difícil de las poses.
OSCAR WILDE

los dioses de la tierra
no soportan a los hombres
después del funeral
de los pájaros

cuerpo desnudo
un chorro de música
pido el silencio
que me pertenece
seguir estando vivo
no debo saberlo

preguntar por mi belleza
a las cenizas
redes
difunto apetito
ritual de cabezas descompuestas
carne

si
vas
a picar
carne
no
te desnudes

la noche tiene
orillas
música
y un ave
que no vuela

mi noche tiene
sombras
que
dan
pasos
y
caminan
en
la oscuridad

noche de pájaros
pasar la noche
posado
como
los pájaros / negros
—no todos los pájaros son negros—
este último
no
tenía / color

mis momentos oscuros
también tienen
aves
estrellas
ojos ávidos
luces de faroles
caminos
tranvías
fronteras violentadas
pedacitos diversos de maravillas

materia microuniverso

I

escribo y entonces sé lo que va quedando
el banquero fanático al Sena
siempre está cerca del agua
el hombre pide ser acariciado por dentro
el goce ha nacido quemado por el tiempo
el pan tiene sabor a perfume
hay un horario para salir otro para entrar

II

voy a rellenar esta vida
como se rellena a un muñeco
mientras los pájaros se alimentan
renuncian
el Papa
y
el
presidente

III

conozco a un hombre muy extraño
que paga mi alquiler
solo le gusta besar mis pies
he mirado con horror ciertas escenas

pero ahora que alguien paga por besar mis pies
veo las escenas y lo horrores de otra manera

IV

anoche soñé que vendía pinturas medievales
    en una plaza pública
pero todos pasaban muy de prisa
de pronto la plaza se llenó de gitanos
—me decían—
—este es el número—
—el 6—
de un lado y del otro
tiempo es lo que busco
tiempo para pagar
al buen servicio

V

lo estoy alimentando
está creciendo   pero quiero que muera
el negro que sobrevivió a la dictadura
fue modelo de Mapplethorpe
ahora es solo un anciano parco que escucha ruidos
    en la madrugada

VI

el poeta está preso
un circulo lo mantiene cautivo
quiere buscar un soporte en sus pertenencias
solo encuentra libros
y una ventana de cristal donde desnudo mira la ciudad
el poeta parece estar vivo
el poeta no escucha

el caballo negro y el caballo blanco

Si vas a contar una historia, cuéntala bien.
«1984», *American Horror Story*

mi madre no sabe tejer
a los dos años me envolvió en una guerra
un
hijo
para
tejer
una
guerra
—yo—
solo tengo sitio para dar señales
con historias
y cajas de madera

vamos a volar juntos
no por el cielo
agachado busco la memoria de este sitio
voy a poner las piernas en cruz
y salvar mi cuerpo
de los gusanos
del diente de león
del humo de la chimenea
de un montón de cosas

el nido
la casa

la cama
la puerta

hilo de humo
prueba de la guerra
cuerpo con alas
el caballo negro no relincha
el caballo negro es el primero en llorar
el caballo blanco finge

George regresa para siempre
hombres y caballos están muy profanados
para convivir
George tiene una maleta pequeña
con ella continúa su camino

en su cama
ha perdido
la memoria
las hojas
y la mitad del tiempo
a quemado su espíritu

el caballo negro también se quema
del caballo blanco no se sabe nada
el joven enfermo muere
es la semana
no sé cumplir órdenes
hay un muerto blanco por la ventana
se asoma a través del cristal

un asesino en la ventana
se lleva las manos a la cabeza
la búsqueda del caballo blanco no ha cesado
puede que lo busque el asesino de la ventana
el mismo que a cada rato se lleva las manos a la cabeza

otro muerto
¿cómo saldrá de allí el caballo blanco?
es una puesta en escena
muy vieja
levantarse tomar un cigarrillo
y volver a sentarse

el asesino golpea el cristal
con las manos de tocar su cabeza
el asesino abre la ventana
el mar se traga un poco de tierra
un fósforo
a la vista las cenizas del caballo negro
y
la
ausencia del caballo blanco

ha cambiado algo
es lo incurable
voy a poner girasoles
para que regrese el caballo blanco
el asesino de la ventana me quita el frío
fumar
te puede calmar

el caballo blanco fue pintado por Van Gogh
el caballo negro fue pintado por Munch
el asesino sigue con el cigarrillo en la boca
su hermana se llama Noah Cyrus
canta con sombreros

voy a matar al asesino
eso me hace tan feliz
voy a dejar que las agujas
todas
se instalen
en su corazón
el caballo blanco era lo único que tenía para mi

la mujer que soy
moriría quemada en un velero
fuego en el mar
prefiero morir en el mar
que morir atropellada por un tranvía
un largo estruendo de hierros corta tu carne

vamos a descuidar
las ausencias
del caballo blanco
del asesino
como yo descuidé la isla
voy hacer cualquier cosa
para luego desaparecer
la vida es demasiado aburrida para vivirla eternamente

el hombre que va y viene
habitaciones llenas de papeles
el muerto sigue en la ventana
no hay rastros del caballo blanco
voy a convertirme en algo
para buscar algo
para tocar todas las puertas

el caballo negro sollozó antes de morir
cuando encuentre al caballo blanco quiero que haga lo mismo
acariciaré su pata adolorida
recuerdo solo lo necesario
seguro está muerto hace tiempo
no me atrevo a decir nada

cuando venga la guerra
y los cementerios sean hermosos
en las coberturas del agotamiento
estaré listo
para que me asesinen
vagaré toda la noche y el día

terror pasado
voy a estar más tranquilo

espero encontrar algún árbol que me arrulle
como un cadáver bien acomodado
un silencio de muerte
odio las falsedades
y a las moscas

una ventana para ver postales
alrededor la muerte sentada
mezquina como siempre
entidad benevolente
un beso a las personas que están muriendo
traje negro
velo de red que cubre sus ojos
dos grandes alas negras salen de su espalda

la voz ronca
por los cigarrillos
nuestro muerto
nuestro muerto que es nuestro
de nosotros
un muerto
otro muerto
un asesino
una ventana
un caballo perdido
un caballo muerto
hay que comer

las moscas vuelven
las moscas laminan.
la familia
de la casa grande
la casa que se come a los muertos
la casa que ama a los muertos

tajada de caballo
el muerto cansado

espero que algo cambie
alzo la voz en la noche
se molestan las personas
ardor de la mirada
todo va a transcurrir
como
una película
silente

en mi casa no puede silbar

hay un grito
suficiente
como la crueldad del viento y las horas
milenaria el hambre
el hombrer
el símbolo de las moscas permanece
como gotas de agua posadas en mis ojos

los huesos de Moira

—No murieron aquí, ¿o si?
«Murder House», *American Horror Story*

yo quería un paisaje
y una casa
ahora llega la gente a suicidarse
siembra plantas de todo tipo alrededor de la casa
las plantas contra la muerte
yo pensaba que tenía manos
para sembrar plantas y sostener a la muerte
estrechos caminos como los pasillos de las casas
que escogen para morir
se lleva la piel arrugada y sucia
pieles con la patria en los poros
hay un nocivo olor en las calles
y en las paredes de la casa
voy a tomar la casa y el jardín
para ver pasar a los difuntos
la sangre es como el hombre
—milenaria—
la casa se ha llenado de moscas
hay huesos solidos debajo de ella
de noche es una tumba
desnudo voy a cazar
la casa se oscurece
del mismo modo
que las fiestas del año

purga

pasamos deprisa
asqueados de la ciudad
animales vivos temblorosos de frente a los animales muertos
la civilización está protegida por espectáculos
centro del mundo

voces y olores confundidos
¿cuánto pesa la muerte?
deja una luz prendida que cuide de tu sueño
sola y desnuda

tengo la culpa de vivir
de quemar mi casa a los ocho años
de no ensuciar al paisaje
de comer frutos prohibidos

el cigarrillo de miss Evers

encender un cigarrillo
para no fumarlo
no me reconozco
voy a solventar lo que hice
tengo algo
algo en la cabeza
cada vez más cerca
voy hacer algo conmigo
voy al mar

encender un cigarrillo
por solo ver el humo
partir
prendo otro cigarrillo
te juro que el último

trampas para la armonía espiritual

el profesorestá de pie
espera secar la carne
piensa dejar la cabeza fuera
para ver cómo se escurre la carne
aunque la carne destila
dice que el corazón condensa
¿qué le gusta al profesor
más que comer carne salada?

seguir de pie
con una lámpara de aceite en las manos
escuchar música para la armonía espiritual
olvidar los préstamos de la carne

pasaré la lengua por las paredes
buscando sal para la carne nueva
preguntas que borran todo
nombres
números
palabras
oraciones
fechas
trampas

13

Pío I (San Pío I)
Pío II
Pío III
Pío IV
Pío V (San Pío V)
Pío VI
Pío VII
Pío VIII
Pío IX (Beato Pío X)
Pío X (San Pío X)
Pío XI
Pío XII (Venerable Pío XII)
Pío XIII personaje de ficción de la serie
de tv *The Young Pope* de HBO

poses

el mundo miente
posa
una manzana
una modelo
posan

el pintor no posa
su manera de hacer posar las cosas
es pintar
la realidad
la realidad
posa
de frente al pintor
de frente a la realidad

la manzana y la modelo
se dan la vuelta
se ven muy normales
tal y como son
el pintor que no sabe posar
no ha hecho mucho
con la modelo
ni con la manzana

vamos a posar todos
todos juntos

tengo los pies helados
de tanto posar
posar
y posar
desnudo
toda la vida
va
subiendo
oscura
y
manchada

no te asustes
te queda mucho
por posar
ella no se deja
la manzana
tampoco
la manzana
parece radioactiva
si le das la vuelta
es otra cosa
en un plano real
es otra cosa

astutamente un fantasma
con cordura infantil
en contra de su voluntad
pinta otro escenario
comienza a darse cuenta
de
la
aterradora realidad
de
la
carne podrida

de
la
miseria pudriéndose
debajo
las losas brillan
la arquitectura está mezclada
cosas personales
la sal de los hombres
es quitada de encima

herencia 59

el aspa de mi ventilador está cansada de batir tanto polvo
la hora y 59 minutos
el 59
maravillas en pedazos
el viento
y el mar retirado
nunca volveré al pueblo costero
nunca me bañé en sus aguas
lo extraño
cosas
maravillas de los demonios

las horas para escribir están contadas
me asustan
un poco más lejos
el enterrador
el bosque
noviembre se lleva todo el paraíso
mastico hierbas
en realidad
es vidrio
hay un nuevo comprador
un poco más allá
cuerpos
en el bosque

la desgracia
la distancia
luego la desgracia
luego la distancia
cucarachas en el piso donde duermo
mediocre la música
y el sonido del ventilador

familia

flores
jardín
el huerto
piedras
casas
ruinas
harina
trigo
pan
hambre
el sol
la luz
la noche
el mar
crucero
naufragio
cementerio en Canadá
una puerta
la madre que llora
el hijo
la guerra
la madre que llora
los militares
tocan a la puerta
la madre llora
alfombra

sangre
la tía
lleva luto
limpia la alfombra
la tía
tiene un secreto
limpia la sangre
el padre
compra otra
alfombra
la tía pasa la mano por la alfombra nueva
roja
la tía murió con 66 años
señor
senador
disolvió el congreso
primera mujer presidente
24 horas
condecorada
cobarde
honor
escultor
ladrón
Florencia
el padre de la patria
flor amarilla
dos amantes
hombres
una sola cama
sábanas sucias
hotel
ventanas de cristales
desnudos
dos
el pueblo
toma las calles
golpe de estado

presidente muerto
primera dama viuda
un anciano
sonríe
lo dijo
hablo de la pose
del presidente
el cuadro de la reina Victoria
es robado por tercera vez
aparece en la escuela de brujería
nadie llama al museo
cigarros
comprados
médico cirujano
médico
del presidente difunto
vegetariano
Versalles
mi novio francés
manzanas verdes
caramelizadas
la iglesia
cerrada
mendigos
en las puertas
santos rotos
en las puertas
la estatua de Juan Pablo II
profanada
huérfano
dentro de la iglesia
la iglesia cerrada
humo para los pulmones
día de gloria
un minuto de silencio
para los que no están
ahora un museo

antes no sé
la Princesa Albert de Broglie
Jean Auguste Dominique Ingres
los siete pecados capitales

MONARCAS

Mitad conversación y mitad mentira.
Dylan Thomas

abanico de la mujer que no amo / carta a Ana Bolena / conversación con la reina antes de ser decapitada

...concédeme la paz
que nunca has tenido.
En cambio
yo te daré todas las horas de mi vida
mi corazón joven
y este humilde poema
que exalta tu serenísima
belleza.

L. Y.

I

dioses que me devoran
justifican mi fe
sobre la carne pálida
vamos a usar cosas ajenas
posguerra
fragmentos exóticos
resplandor de luz
candelabros prestados
carne de la cabeza
—me pierdo—
no veo el final de las películas
como tampoco voy asistir a la gran obra de mi muerte
es hora de golpear y abrir las ventanas

II

¿qué diría Ana Bolena de la agitación de estos días?
no tengo la blancura para escribir líneas rectas
amarilla reforma como el papel de cartucho
guardo el candelabro que acompañó tus últimos días
    en la torre
al lavar la cabeza de su majestad escapé de las pesadillas
vi la corte caer con el hacha

III

¿qué diría mi reina de la traición de mis días?
no tengo jardín para la reina Ana
tampoco tengo zapatos para la reina astróloga
voy a escribir dominado por los golpes del hacha
voy a ordenar todo para que la reina mártir cuide mi cabeza

IV

las horas del nuevo salto
con la ilustración la muerte
enviará a uno de sus mensajeros / asistirnos
en tanto la vida va pasando con reformas
su primer mensaje fue (muy claro)
—déjate ir—

V

tardes y noches con su cabeza en mis manos
horas esperando abrazos
sin poder soltar su inteligencia
no preciso caminar
recuerdo los archivos parroquiales
tus seis dedos en la mano izquierda
el lunar que ocultabas con joyas
—decían— (esos son signos del diablo)

VI

aquella noche hablamos susurrando
escondidos en la niebla de la torre
escuchamos toser a todos los desvelados de la torre
con los ojos abiertos vimos la perfección segada
sobre la paja dormí a tu lado
aclaraba mi garganta para poder besar su mano
intentar cerrar los ojos cegados por el resplandor inocente
—mi reina Ana—
algo falta
algo hemos dejado de hacer

VII

tenemos las figuraciones
—mi reina—
figuraciones de media noche
sepa que algún asomo nos espera
algo no cabe en la habitación llena de pajas
algo vendrá a aliviarnos en la medianoche
profunda medianoche que acaba con el tiempo del hombre

VIII

toda la corte parece dormir sin pensar en nosotros
reflejos blanquecinos asoman al silencio
terminemos de coser las camisas para los pobres
ya no tenemos porcelana fría
la sombra tiene mil maneras de resistir
los gritos nos despertaron
aunque no puedo asegurar si dormimos
son cuerpos jóvenes los que serán llevados al borde
no hay espacio para risas comprensivas
algo se avecina

IX

es una capa (la vida)
—dijiste—
ahora voy a sostener las ventanas que al principio destrocé
utopías sentenciadas
todo llega sin la calma
ya lo anunciamos
inclinación hacia la vida eterna
—arrepentirnos—
la historia sentada en el quicio de una puerta
no pierdas más tiempo
vas a tener la eternidad por delante

X

no sé qué importancia tiene el corazón
cuando hay miles de músculos en el cuerpo
si es la última noche
aparecen conjuntos de músculos estériles
—la vida—
—mi reina—
—no termina—
sin duda alguna nuestro señor tiene algo peculiar
cuando prefiere escupir en la cabeza de —mi reina—
(voy advertir)
será adorada como las antiguas civilizaciones
será nombrada por las féminas lanzadas a las calles
saludo oculto con cierta devoción
al señor que decide la surte de mi reina
aceptaré mi soledad cuando ella no esté
y sea nombrada en las luchas y en las profundidades
o en la penumbra húmeda de la torre
—mi reina—
nos acercamos a la muerte por el camino del placer

cabeza para la reina

acomoda tu cabeza
—aquí—
—reposa—
yo cuidaré de ella
—solo—
de tu cabeza

las seis esposas de Enrique VIII

...comienza un nuevo ciclo de fecundidad y de vida.
MIGUEL HERRERO UCEDA

para tener la monarquía en sus manos y evitar una guerra civil
—consortes—
seis mujeres dejaron huellas en el agua*
el oleaje acabó con el muro que había entre ellas
amigas
amantes
muertos
vivos
vuelven para rectificar el juicio de sus vidas

criaturas que no hacen ruido con sus existencias
la torre es dueña del paisaje
pobres criaturas insignificantes que escucho cantar
son descubiertas
simulan fecundar en aguas liosas
criaturas que no van a figurar en el paisaje de la torre

hace siglos escapa la rosa
oscuras y claras mentiras del tiempo del deseo

* Catalina de Aragón
Ana Bolena / decapitada
Juana Seymour
Ana de Cléveris
Catalina Howard / decapitada
Catalina Parr
después muere Enrique VIII de Inglaterra

reinan los cuerpos sin límites
los sucesores
labios secos nuevamente solos
derrotadas terminan alisando su propio cabello
nada ha cambiado para el horror
fragmentos tenues del mundo se dejan ver por una abertura

llaves son palabras
pies en el suelo / confesión con el padre
acostarse con la certeza no despertar
un pájaro frío entra por la claraboya
canta
rutina de cerrar los ojos
sin equilibrio / mi juventud
nunca anhelé el mármol
por eso me lavo las manos en la inocencia
buscando maneras de decir
inclinándome a la muerte
entendí que el triunfo no es por ahora
injuria del laurel / todo al sitio del órden
negar es el modo

no está lejos el día de la injuria
antes de terminar con mi cabeza
mis corrientes son para el retorno
oremos por la carne asentada en la historia
me acogerá con alas enormes
creo en el poder de lavar mis manos antes de partir
mi aliento sabrá ser inmortal
—creo—

no hay nada más noble y libre que el corazón de un caballo / cárcel / jaula

ahora puedo dormir y olvidar
que estaba esperando.
REINA MARÍA RODRÍGUEZ

llevas máscaras para olvidar la historia
abandono de múltiples y últimos pasados
él también huyó de su casa
recuerdo los que murieron a la mitad del camino
no fueron pocos
¿quién sabe exactamente cuántos?
el que sabe busca y tiene olfato para encontrar a sus presas
cuerpos encontrados con la oportunidad de entregarse

mientras
la radio es sintonizada
en la misma emisora de siempre
ves pasar los cuerpos
cuerpos degradados
tendidos en un carruaje
como en la edad media
así cargaban a las putas y a los muertos en el siglo XV

recupera el espejo de las tardes
a la hora del dolor del hambre
no hagas ruido para que el dolor no se propague al pecho
(hay una sombra / una presencia que me protege)*
—hay que darle importancia—

* rey muerto príncipe coronado
se le aprieta el pecho a la paloma
nunca des tu nombre completo

es en vano hablar del precio de la historia
¿a dónde van a parar todos esos cuerpos?
es algo reciente
lo supe por las máscaras
esas máscaras son nuevas
las venden en cualquier tienda
ahora voy a protegerme con las marcas del pasado

estoy mirando al mundo desde el faro
vamos a dejar espacio para los otros
contamos con el sitio reducido y el dolor del hambre
el suelo es ajeno
no podemos tocarlo
solo conseguimos escalar sin hacer ruido
la cárcel es provisional

cuando hables de cárcel recuerda que
yo cumplí los veinte años en la cárcel / jaula
ya no siento temor decirlo
la cárcel / jaula me resulta ajena
alguna condición tenía para embutir un mundo
    en la cárcel / jaula
el mal de tirar el tiempo en jaulas
mejor inventar un mundo
dos o tres
que pensar en cárceles y jaulas
te regalo mi tiempo de la cárcel / jaula
como también te puedo regalar dos ríos

cuídate de parásitos
rogación de cabeza
poner los pies en la tierra /afianzarte a ella
tienes un cuadro espiritual que no debes abandonar
la flecha tiene la virtud de no sanar
viene suerte por tu camino no la deseches
atiende a Ochún y Yemayá ahí está tu suerte /
mantenlas siempre contentas /
ellas te darán lo que necesitas

dije una vez nací al lado de un río
pero no lo visito
saludé al sol desde un mínimo agujero de la cárcel / jaula
incontables veces
diseñé barcos
compuse canciones
terminé escribiendo poemas
compasión conmigo y la madera de los lápices a colores
hoy también es el día de despojarse
de la ropa
y la madera
(desnudo)

es cierto
—estoy desnudo—
mirando por un pequeño agujero de otra cárcel / jaula
con escalofrío miro la carreta
es hora de que pase el carruaje con los cuerpos
espero uno
estoy listo para cerrar la cárcel / jaula
con un cuerpo dentro

tu casa / tu mundo / el trono de Isabel I de Inglaterra / los olores solitarios

culto a tu candor
no serán talados los árboles
en la tarde
paredes desnudas
pintadas con cal
ventanas estrechas con rejas y rosales
silla de paja

su majestad se ha puesto vieja
camina despacio
y no insulta a su dotación
su muerte está cerca de su cama
y lo sabe

anoche balbuceó algo
demora su muerte con maquillajes
(eso cree)
vislumbra al sucesor
pongo cara de niño cuando estoy cerca
telas azul celeste
cubren su lecho

alcanzaba a besar a alguien
poseer la ciudad
que solo le pertenece

evaporados paisajes
triste ruinas de piedras
hay olores solitarios al lado de la reina

toqué el frío de su cuello
todo va a suceder de una vez
dioses pálidos se llevan a reinas pálidas
es el fin de las rosas

delgada
con mejillas huecas
pelo cano
pecho encogido
vientre hueco
carcomido por su ideología
fruta comida por gusanos

cabeza hostigadora
comerte el cuerpo poco a poco
se bebía la sangre
sofocaba la vida
tejidos tibios
cuerda de oro
—se liberó—
la belleza más humana

reina con cabeza de mármol / golpes en la puerta / María I de Escocia / heredada en línea directa

Tampoco intentó nunca descifrar
los tupidos enigmas del oráculo.
J. M. Caballero Bonald

reina con cabeza de mármol
piedras célebres
vencida
pondremos una tarja en su nombre
—ya todo deja de ser antiguo—
nadie acudirá a tu puerta
caridad vencida por el tambor y el hacha invisible
no respondas a los golpes en la puerta
no te pierdas en el largo pasillo a las mazmorras

entramos a la plaza de los muertos
es hueca
no tiene reposo
el contenido de la caja del tambor
—es un hacha—
—la suerte—
—es un hacha—
deja caer las hojas de abedul en el jardín
inocente y fresco parece el té

no conozco el significado de la palabra historia
no conozco el significado de la palabra extinción
no conozco el significado de la palabra decadencia

es tradición pintar las calles por estos días
la joven que sirve de modelo terminará sin cabeza
traiciones que son conocidas
nos harán célebres

franjas blancas van a cegar al verdugo
gente que sale y entra no derrama ni una lágrima
otro joven pinta franjas rojas con sangre de mártir
María logró la tranquilidad imposible de diciembre

¿dónde está la ausencia de dolor en el cadalso?
las damas de Francia también van al precipicio
hay monedas en las manos de los espectadores
el hombre desprecia a los santos
el verdugo tiene el olor impregnado de su trabajo
—lo perdono—
hojas filosas brillan en la madera
mañana será un mejor día
la naturaleza lleva el dolor por delante
poca luz entra por donde están los vivos

la madre y su hijo
arrastro palabras
—arrodillarse ante el hijo de María Estuardo—

anticuario / mi parecido a Enrique III de Francia

I

Industria de mentiras
construcciones
de un solo discurso
ya no hay nada que alterar
la inmovilidad de esperar
ver caer las construcciones
toda la mentira echada sobre
los mismos del primer día
ellos
todos

II

vivo y me escondo en el mismo lugar
donde estoy construyendo poemas
(escribo sobre la frialdad de las horas)
no me gusta ver cuando se hace de noche
mi vecino no sabe que existo
no está al corriente de que me escondo
no atiendo los teléfonos de noche
no hay luces en la vigilia

III

es una marca lo que busco
—(esta)—
—(aquí)—

lo que inquiero
ya no la llaman ciudad
pero la busco igual
algunos llegan
con cámaras
colgadas del cuello
ladrones de instantes
ellos también se llevan algo mío
ellos también ocupan mi espacio
van a hacer público este dolor

(camino para ser encontrado)

CRUCERO

Que no se pinten, ni esculpan Cruces en el suelo,
ni en los rincones.
De reliquias, et veneratione sanctorum

fumadores / manos en los bolsillos

Hay muchas cosas a las que
he llegado tarde
R. M. R.

final de una cena
cena de hombres
intercambio de cigarros
trastorno de las cabezas
comida y licores mezclados
manos en los bolsillos

hombres
escépticos
amables
indiferentes
manos en los bolsillos
religión y régimen
hechos extraños
historias reales
último pedazo de lo maravilloso
misterio defendido
manos en los bolsillos

movimiento de piedad
reunión de monjes
almas
grandes espacios
influencias
ser sobre otro
el negador

cigarro
manos en los bolsillos
el narrador
penetración
es suficiente
ocho días
seguidos
fumadores de historia
manos en los bolsillos

juez y parte
en fin
fisonomía apagada
noche de cartas
junto al fuego
aluvión de ideas
que rozan tu cerebro
manos en los bolsillos
permaneces unos instantes sumido en la ensoñación
con la pluma en el aire
rozó el espíritu
ligero
nombres cruzados en mi cabeza
me acosté
dormí
y soñé
manos en los bolsillos

brazos impenetrables
fotografías del Papa rasgadas
desfallecida
decepcionante
escalera
mi querido señor
manos en los bolsillos

ataderos

A Orfelina Pérez Rodríguez, Idi

cruces / puerta de la casa
cruces / garganta de la abuela que se quema con veneno
cruces / cama de la escritora a quien su amante engaña con
su amigo también escritor
cruces / crítico de teatro que mira por encima del hombro
cruces / mujer gorda que se burla de la muerte de otra mujer
en los carnavales
cruces / frasco de veneno encontrado detrás de la cama
cruces / frasco ámbar desconocido examinado por niños
cruces / maestro que mira por agujero de un baño (varones)
cruces / madre que regala a su hijo a los ocho años
cruces / mi mamá está en la cocina
cruces / niños que se bañan / son observados
cruces / leche que corta el veneno
cruces / —veneno— adelfa—
cruces / —frasco— ámbar—desconozco—
cruces / —cuerpos—
cruces / —mentiras—
cruces / hedor
cruces / libros
cruces / —en mi casa no puedes silbar—
cruces / la vida es silbar
cruces / podredumbre
cruces / fotografías
cruces / teléfono en lista negra
cruces / toma el control

cruces / URSS
cruces / prende fuego a bosques vírgenes
cruces / siete hombres traicionaron a la reina Victoria
cruces / los Papas Médici
cruces / Cristo
cruces / nube de hongo
cruces / *Enola Gay*
cruces / miss Universo
cruces / La bomba *Little Boy*
cruces / E.U.
cruces / llenaron las fosas de cadáveres
cruces / en las fronteras
cruces / el mar negro
cruces / te burlas de Amy Winehouse y los Médici
cruces / profanadores de tumbas
cruces / capitán del Titanic
cruces / el mar
cruces / Reinaldo Arenas
cruces / los bares de los pueblos pequeños
cruces / el muro de Berlín
—hay cruces—
—hay ceros—
cruces / si te quedas sin habla
cruces / té de canela
—pájaros negros—
—pájaros muertos—
cruces / VIH
cruces / piensa que eres justo
cruces / aspersores
cruces / la rosa
cruces / libro negro que fue regalado como libro blanco
cruces / quieres morir en el mar
cruces / regresas en otro cuerpo
cruces / cambias los muebles de lugar / tus muertos tropiezan
cruces / mueres en el exilio
cruces / frío
cruces / 10:27 am

cruces / 1:45 am
cruces / 7:00 am
cruces / entras desnudo al salón
cruces / rompes un espejo / te arrepientes
cruces / las manos del verdugo
cruces / ONU
cruces / engañan a más de un pueblo
cruces / Poe
cruces / página en blanco
cruces / cuervo negro
cruces / Polonio
cruces / África
cruces / odias la música
cruces / sometido a presión
cruces / negro
cruces / agua
cruces / socialismo
cruces / OTAN
cruces / mi marido
cruces / San Pedro
cruces / arco
cruces / cadenas
cruces / *dolor que confunde al viejo dolor*
cruces / se vende
cruces / necrópolis
cruces / empeñé mi tiempo
cruces / estuviste cerca del veneno
cruces / —rostros—
cruces / —cuerpos—
cruces / —espejos—
cruces / Miguel Ángel
cruces / *llevo días tratando de tú a tú al suicidio, pero en verdad no he hecho más nada que preguntarle*
cruces / habitaciones prestadas
cruces / Marilyn Manson / Marilyn Monroe
cruces / Rusia
cruces / agenda

cruces / política
cruces / años
—polvo—
—lodo—
cruces / naufragio
cruces / veneno
veneno
veneno
veneno
ve
ne
no
—frasco ámbar—
veneno
veneno
veneno
ve

calles

ninguna muerte
es completa
cuando las calles
están llenas de fantasmas

Amy

We only said goodbaye with words
I died a hundred times
AMY WINEHOUSE

I

hay un mundo en uso y movimiento
no es el nuestro

Amy
sonrisa lejos
voz lejos
cuerpo lejos

esperar unir los pedazos
este no fue un mundo cualquiera
era nuestro pero como en las películas
después de los créditos
salíamos caminando
con otra sonrisa

II

Hay un sonido en el fondo que recoge todos los gestos
densidad y fuerza
tres señoras juegan con el hilo de tu vida
una de ellas dice que nunca has existido
para prestar tu cuerpo
tienes que escoger entre el ser y la nada

las señoras creen que hacen el bien
y escogen otro cuerpo
me percato que soy yo
hecho piedra

III

si cae una avalancha de muertos
los primeros serán los suicidas
avalancha de hombres
de sombras sobre nosotros

he querido quedarme en una ciudad que no me pertenece
en cualquier momento puede pasar
hombres
muertos
suicidas
sombras
caerán
buscando donde
acomodar su tiempo
solo un planeta fúnebre
recogerá
esta historia

IV

si las manos se fabrican
el cuerpo es ensamblado en otra parte
al que prefiero no conocer

el árbol es producto del viento
la casa es fruto del hombre
la flecha fue creada para entrar en el blanco
el vino para reposar dentro de la copa
el agua huye a su antojo

todos nos abandonan en un punto
para fabricar hay que comenzar desde el centro

V

la vida
tiene más silencio
que la muerte

bulimia

antes vomitaba alimentos
hoy he vomitado el mundo
cada arcada me libera a pedazos de la creación
las noticias son las primeras en salir

voy a quedarme sin mundo
un pedazo de la Santa Sede
rodó por el inodoro
no pude detenerlo
(no toco las cosas sin nombre
soy un enfermo que vomita pedazos de mundo)

Buscando a Susan desesperadamente en una terminal (sucia) encontré a Madonna

I

sucia / *Like a Virgin*
sucia / criaturas se mueven en una terminal
sucia / TERMINAL
sucia / donde nos desprendemos de pieles sucesivas
sucia / incorporo pertenencias
sucia / *Die Another Day*
sucia / las dejo
sucia / antes de abordar cualquier ómnibus
sucia / personas que no me miran
sucia / él
sucia / escuché al forastero
sucia / lo vi de una ojeada
sucia / siempre lo vi de una ojeada
sucia / en cada mesa
sucia / un café por el medio
sucia / *Frozen*

II

sucia / barras de dulce
sucia / moscas que se dejan vender
sucia / *American Life*
sucia / Julio vende su cuerpo en las noches
sucia / esquina del parque cerca del teatro
sucia / gorda y oscura de tres sabores
sucia / dice el vendedor de barras de dulce

sucia / dice Julio en la noche
sucia / *Celebration*

III

sucia / cuerpos de aguas lavados en cualquier terminal
sucia / comienzas o terminas un viaje
sucia / mi última compañía
sucia / llegan por un trozo de dulce
sucia / *The Power of Good-bye*
sucia / grandes fuegos
sucia / *Get Together*
sucia / pájaros del desierto que escucho llorar
sucia / nubes oscuras arrastran a los pájaros del desierto
que antes lloraban
sucia / matar a los pájaros que ya no están en el desierto
para poder salvarlos a ustedes
sucia / *Papa Don´t Preach*
sucia / cárcel para el hijo

IV

sucia / *Sorry*
sucia / vestida de novia
sucia / paredes inventadas por los fantasmas para
escucharme llorar
sucia / fotos que dejan marcas en las mismas paredes
levantadas por fantasmas
sucia / tengo todo esto y tengo mucha sed
sucia / *Ghosttown*
sucia / peligrosas fotos digitales
sucia / dejadez del corazón
sucia / manera de llorar como los árboles
sucia / suerte de suicidio
sucia / cuerda fácil
sucia / *Girl Gome Wild*
sucia / sabor de la carne

sucia / carne que es comida en soledad
sucia / invitación a masticar carne detrás de la terminal
sucia / *Vogue*

V

sucia / *You ll See*
sucia / agujeros para construir un poema
sucia / hilo para sujetar sus partes prende de un hilo
sucia / *Give It 2 Me*
sucia / nadie que te pueda sostener
sucia / segunda vez que sacas los santos a la calle
caminar por encima de los santos
sucia / alambres que le pones en sus bocas
sucia / *Hollywood*
sucia / respuesta
sucia / alguien tiene que morir
sucia / criada filipina guárdalo todo
sucia / lo que puedes perder
sucia / *Music*
sucia / los discos que se humedecen como lo días
que vas dejando
sucia / el espejo húmedo
sucia / el reflejo de un diálogo
sucia / las preguntas que te hacen en la sucia terminal
sucia / líquido que se pierde entre mis manos
sucia / agua
sucia / puentes sin agua
sucia / *Jump*

VI

sucia / *La isla bonita*
sucia / rodeada de agua
sucia / el vino de la isla bonita
sucia / los vestidos rojos
sucia / el pelo largo de los hombres

sucia / las puertas de las iglesias
sucia / muerte furtiva
sucia / puentes rotos
sucia / problemas con el Papa / Jesucristo negro
sucia / heridas en las manos
sucia / dictaduras
sucia / muro
sucia / muro de lo sucios
sucia / inicios en el coro de una iglesia
sucia / ropa blanca
sucia / pedazo de país
sucia / país de la mudez
sucia / el ciego no puede ver cuando el dictador
    se quita la máscara
sucia / máscara
sucia / tienda de máscaras
sucia / no las venden
sucia / las regalan
sucia / Imelda Marcos
sucia / mariposa de hierro
sucia / guerra fria
sucia / zapatos apretados
sucia / hombres divididos
sucia / animales divididos
sucia / muñecos que cruzan el muro
sucia / dolor en un solo brazo
sucia / alta marea por algún tiempo

VII

sucia / como Clemente VII
sucia / manera de usar un nombre
sucia / *Material Girl*
sucia / hilo que cruza la ciudad de los tres años
sucia / celestina o celestino
sucia / traje del asesino
sucia / el mismo hombre te da de comer

sucia / te viste a su antojo
sucia / bestias
sucia / verdugo
sucia / domador
        detrás de alguna terminal
        termino
sucia / dolor en el brazo con que escribo
sucia / cerrar

negro, amarillo, beige

A Nina Simone, «Sinnerman»

présteme los árboles negros   señorita
árboles suyos que crecen en el sur
los que se balancean con la brisa
esos que están al lado del señor reaccionario

blancos y negros con armas
a los negros no toquen
a los blancos no tocar
los de color amarillo solo observan

¿quién crees que soy?
¿qué crees que soy?

vamos a darle forma al país
no me dejes solo con los frutos extraños

lodo

...tengo las manos verdes esta noche de lluvia.

I

hay lodo en el corazón de los hombres
puedo caminar del bronce al verde
me quedo en el verde
y en las voces de Amy y Nina
ellas que cantan lo amargo
da gusto tragar

II

la pared de la habitación prestada
es verde
el color de una semana
mis manos tienen llagas
de sostener tanto verde

III

descifrar los elogios
de las crueldades
para ocultar sonrisas
vas a ser el custodio de
mis últimas horas

IV

algo me está quitando el sueño:
yo pensé que crecía lento
el Dios salvaje del mundo

cenizas

un campesino
fue condenado a muerte
donde sus antepasados
sembraron la tierra
(en la pequeña ciudad
arden sus cenizas)

—a veces invento cosas como estas
mi memoria suele ser piadosa

pájaros

A María Liliana Celorrio

escuchando los mismos poemas de cada semana
en el lugar de siempre
una bandada de pájaros se refugia en los árboles
las personas se alejan
los poetas no

los poetas no les temen a los pájaros
ni al paisaje que se quema

carne

abrazo su cuerpo
le hablo de todo lo que no me atrevo a decirle en el día
acaricio su carne
no despierta
siempre acaricio lo que otros se han de comer

métodos

métodos / *la mezquindad del verde*
métodos / pura carne.
métodos / vestimenta simbólica
métodos / moda
con ayuda de Facebook
todos son iguales
métodos / de comida por comida
los pasos en la hierba
la hierba
fue devorada por vacas
vacas gordas y sagradas
métodos / del abrigo o el consejo
entré a su casa
fui por abrigo
la gran señora
me obsequió una capa
métodos / abandono de la belleza
entre más persigas la belleza
más te alejas de ella
métodos / la ausencia
no estar es pecado
nueva máscara
nueva ausencia
métodos / fin de la cita
lo entiendo todo
como llega cada viernes

como muevo mis brazos
como caen cansados
noches que no sé si despierto
métodos / borrador
pretendo un orden para borrar
antes que el mundo
comience a borrarme
métodos / *music*
canción de Madonna
métodos / del préstamo
una ciudad que no era mía
me fue prestada por tres años
métodos / permanencia
yo / ya no lloro desde que estoy aquí
métodos / los pájaros
ya tengo el espantapájaros
—soy—
métodos / tiempo contar tiempo
por estos días
he sido una alfombra
donde más de uno ha tendido
su soledad
métodos / *no pasa nada es la vida*
en la habitación del polvo y el humo
hace un año atrás
hacíamos el amor
—hoy—
—solo—
—espero—
métodos / del regreso
pretendes regresar al cuerpo
cuando descubres
que solo puedes
regresar al cuerpo en que naciste
métodos / aluminio
métodos / cemento
métodos / muchachos

métodos / jóvenes
métodos / ejércitos
métodos / viejos
métodos / basura
métodos / juicios
métodos / juez
métodos / fuerzas
métodos / presión
métodos / dinero
métodos / piedra
métodos / compartir
métodos / prisión
métodos / pan
métodos / gobierno
métodos / caníbal
métodos / mentes
métodos / maquinarias
métodos / # 7
petróleo lo digo por decir cualquier cosa
vuelvo a decir petróleo
métodos / # 88
métodos / guardia
métodos / *nube oscura alrededor de la cabeza*
métodos / drogas de diseño
métodos / tumba
métodos / cuerpo
métodos / ciudad
métodos / edificios
métodos / niebla
métodos / muerte en el jardín
métodos / línea en el jardín
métodos / *caballos de vapor*
métodos / visitas
métodos / padre
vi
si
tas

—visitas—
—padre—
que solo
visita
a
su hijo
en la cárcel
métodos / libertad
—no la tengo—
métodos / del presidente que escribe
todos los intelectuales quieren ser presidentes
un escritor
masacre
represión
golpe duro
en tiempos difíciles
métodos / se busca
hemos perdido la batalla
que sigue los puntos más distantes
el vacío busca
no encuentra
métodos / *recurso del método*
tienes que meter el método
introducir el método
encajar el método
salirte con el método
tener el método en tu mano
que coma de tu mano
poner el método por encima de cualquier método
jugar con el método
hacerte con el método
eyacular con puro método
vender el método
métodos / ¿escribes?
métodos / noticias
métodos / verde contra verde
métodos / muerte al verde

—me siento solo—
métodos / soledad
métodos / verde
existió un
verde ramaje
era un árbol
un joven árbol
cultivado
—solo—
—abrazos—
en un túnel
a la semana
el ramaje
fue sustituido
por otro árbol
más flexible
métodos / de la tarde
la tarde se llena
de muchachos
de cuello largo
métodos / de la tala discriminada
voy a talar el ramaje
del árbol
el que lo abrace
en mi nombre
también será talado
métodos / de las cuentas claras
1 / A
2 / B
3 / C
métodos / de las damas
dos damas me visitan en la noche
dama 1 negra con gruesos labios
de carácter fuerte
me obligo
a sentarme al piano
—no mezcles la política con el arte—
dijo

dio la espalda
terminó marchándose
no acostumbra a mirar lo que va dejando
dama 2 blanca de rasgos judíos
me visita más seguido
deja que juegue con su cabellera
siempre me habla al oído
y repite lo mismo
—no te enamores—
—no—
—te—
—enamores—
y continúa sonriendo
dama desconocida
una tercera dama me visita por primera vez
solo observa cada uno de mis movimientos
ella tiene dominio de mi
y de las otras dos damas
lleva un bebé en los brazos
métodos / del tiempo
el poeta y la madre
métodos / del cambio
soy un enterrador
en las mañanas
voy dejando flores amarillas
en las tumbas
el mármol lo agradece
regreso en las tardes
para ver cuántos
salieron en busca
de las flores amarillas
es buen lugar
para que las sombras
respiren y se expandan
ya no dejo flores amarillas
apareció otro con flores verdes
ahora son flores verdes

en el mármol de las tumbas
la mezquindad del verde
ojos sucios y cercenados
de
tanto

Las poses verbales de Norge Luis Labrada

Por Eugenio Marrón

No está de más recordarlo: *postura* —que viene del latín *positura*— es la manera en que cualquier persona se pone o, más exactamente, está «puesta», vale indicar, lo concerniente a su colocación, figura o situación. Así, «pose» es la apariencia poco natural, principalmente la que pintores, escultores y fotógrafos le solicitan a sus modelos. Y también se le llama así a los procederes y modos de hablar presuntuosos, o para decirlo mejor, al fingimiento. Tales posibilidades, adecuadas a los usos de la argumentación, sea oral o escrita, advierten una labor en la que cada paso a seguir en la colocación de las palabras, adquiere un valor tan singular como manifiesto. En el caso que ocupa estas líneas, un libro de poesía cuyos textos se desplazan por zonas colindantes con la pintura, la escultura y la fotografía —o mejor: la poesía misma en el acto de asumir aquellas disciplinas—, resulta un ejercicio de plenitudes para afirmar el trasvase ya advertido. Tal es el caso de *Poses*, de Norge Luis Labrada (Cauto Cristo, Cuba, 1989).

Tres parcelas integran este libro, casi como tres salas de exposición en las que un artista va a desplegar sus piezas. Curiosamente la primera, a diferencia de las otras dos, no tiene título, sino un poema inicial que también carece de él, por lo que su primer verso lo nomina: *los dioses de la tierra*. Se trata de doce poemas que actúan como puesta en escena —con sus «poses» muy definidas— de una autobiografía precoz en la que vigilia e ilusión mudan sus roles a cada paso, para revelar sucesivamente el desvelo que anida en la quimera y el sueño que crece en la vigilia. En ese rumbo, hay un texto que se convierte en alfa y omega: *el caballo negro y el caballo blanco.* Se trata de un poema que abreva con potestad y distinción en reminiscencias y leyendas provenientes de imágenes y voces muy precisas —fragmentos de películas, visiones de cuadros, añoranzas de destinos— no buscadas como objeto de estudio, sino tenidas como aire de familia que el poeta tiene por muy suyo: «voy a poner girasoles / para que regrese el caballo blanco / el asesino de la ventana me quita el frío / fumar / te puede calmar / el caballo blanco fue pintado por Van Gogh / el caballo negro fue pintado por Munch / el asesino sigue con el cigarrillo en la boca / su hermana se llama Noah Cyrus / canta con sombreros».

La segunda, *Monarcas,* la que alcanza mayor fuerza y cohesión con el avance escalonado de siete poemas, con una progresión como guiada por un director que vigilara tras bambalinas, paso a paso, el desarrollo de una puesta minuciosa y delicada, funciona como una sucesión de actos que, de cierta manera, y desde un examen cumplido en uso de vocación teatral, se convierte en calco de una aventura isabelina al uso de un contemporáneo de Shakespeare que viajara en la máquina del tiempo. En los textos que la conforman, se dan cita evocaciones de *Los Tudor* —la serie de televisión creada por Michael Hirst sobre el reinado de Enrique VIII de Inglaterra— y asimilaciones diferentes de aquella época, conjuntamente con lecturas entreveradas de una actualidad abisal. Nombres legendarios como los de Ana Bolena, Isabel I de Inglaterra y María I de Escocia se suceden en estampas como captadas por algún fotógrafo de improviso que irrumpiera entre líneas —«algunos llegan / con cámaras / colgadas del cuello / ladrones de instantes»—, arrimándose al avance del discurso poético. Bien apunta el poeta a la hora de las seis esposas de Enrique VIII y desde ellas hasta el tiempo mismo del lector: «llaves son palabras / pies en el suelo—».

Crucero, la tercera y última parcela del libro, es un inventario de sensaciones que, a través de doce poemas, se adentra en los resquicios más inesperados de una actualidad que se desborda en visiones de variadas perspectivas, en la que todos los tiempos por conjugar son un destello. En ese orden, hay poemas que se aplican a la naturaleza de un videoclip, como si las palabras se transmutaran en una cascada de imágenes y cadencias tan apremiantes como vertiginosas. *Ataderos* y *Buscando a Susan desesperadamente en una terminal (sucia) encontré a Madonna* son buenas muestras de lo anterior: en el primero, el sucederse de la palabra cruces, permite una suma que busca recorrer los cuatro puntos cardinales de la memoria de la Humanidad —ciertamente, todo un video clip de alto vuelo—; en tanto en el segundo, aposentado en el vocablo sucia, la figura y la voz de la estrella deslinda desde sus líneas más conocidas un mosaico de sugerencias para cualquier latitud. Y sin olvido del texto dedicado a Amy Winhouse, en el que la cantante británica tempranamente desaparecida parece regresar de entre las sombras para recordar que —como advierte allí el poeta— «la vida tiene más silencio que la muerte». Así, cerrando su lectura, este primer libro de su autor entrega un quehacer afirmado en las ventajas de un aprendizaje poético veraz y decantado: las poses verbales de Norge Luis Labrada lo han hecho posible.

Holguín, Cuba, domingo, 15 de noviembre de 2020.

Índice

Poses, de Norge Luis Labrada,
terminó de imprimirse en el mes de diciembre de 2025,
por Bluebird Editions, en New York, NY.

www.ingramcontent.com/pod-product-compliance
Lightning Source LLC
LaVergne TN
LVHW050936080826
845145LV00004B/1283
9781951409340